Auguste BLETON

# AU DELA

## DES

# PYRÉNÉES

## NOTES ET IMPRESSIONS

LYON

A. STORCK & Cᵉ, IMPRIMEURS-ÉDITEURS

78, Rue de l'Hôtel-de-Ville, 78

1899

413

# AU DELA DES PYRÉNÉES

Tiré à 200 exemplaires

Auguste BLETON

# AU DELA

## DES

# PYRÉNÉES

## NOTES ET IMPRESSIONS

LYON

A. STORCK & Cⁱᵉ, IMPRIMEURS-ÉDITEURS

78, Rue de l'Hôtel-de-Ville, 78

1899

Burgos.

# AU DELA DES PYRÉNÉES

Un titre est comme une enseigne : il peut être banal ou retenir les regards. Celui que je donne à ces notes de voyage appartient à la première catégorie.

*Tra los montes* aurait eu plus de couleur, mais ce titre est la glorieuse propriété de Théophile Gautier et aurait, d'ailleurs, appelé des rapprochements trop désavantageux pour moi.

J'ai dû écarter *Au pays des orangers* et *Au pays des castagnettes*. Contrairement à l'idée que le voyageur peut s'en faire avant départ, une bonne partie de la terre d'Espagne ne lui offre pas le moindre oranger, et il risque de faire du chemin, sans que l'écho lui apporte le moindre bruit de castagnettes.

Enfin, *Au pays du soleil* aurait fait sourire les

Lyonnais, s'ils sont encore sous la température
incandescente qui calcinait naguère les pavés et
brûlait les yeux des promeneurs. Le soleil ! ce
n'était pas la peine d'aller le chercher si loin.
Lyon en avait à revendre.

Vendredi 23 septembre 1898.

La France a ceci de particulier que chacune de
ses frontières est comme pénétrée par le peuple
qui l'avoisine. Le caractère italien déborde sur le
versant français des Alpes ; les deux côtés du Jura
offrent une parenté visible ; la rive gauche du
Rhin, sous son esprit si français, avait conservé
des traditions germaniques dont les conquérants
de 1870 se sont fait un titre de possession ; du
Flamand de Lille au Flamand de Tournai, il n'y a
que la différence du « Pour une fois, savez-vous ».

Il en va de même des deux côtés des Pyrénées.
La parenté des Gascons et des Basques ne se
trahit pas seulement par la communauté de nom :
Basques, Vasques, Gasques. Le sol même, les cultures, le climat ont des ressemblances frappantes.

Toulouse, cinq heures du matin. La ville s'é-
veille. Aux coins des rues, des marchands de
petits pains chauds et de croissants guettent le
travailleur matinal. Mais pas de crieurs de jour-

naux ; ils se rattraperont le soir. Un rapide tour de
ville, car ce n'est qu'une halte d'une heure, dans
ce trajet de deux mille kilomètres qui séparent
Lyon de Lisbonne, où nous nous rendons comme
délégués au Congrès international de la Presse.


Samedi 24 septembre.

Bayonne, seconde étape, avec souper et gîte. Je
n'avais pas vu cette ville, depuis vingt-cinq ans.
Elle m'a paru en voie d'accroissement.

Bayonne est, avec Perpignan, un des deux
uniques points de passage au delà des Pyrénées ;
c'est presque toujours un lieu d'arrêt, pour ceux
qui sortent de France, comme pour ceux qui y
rentrent. Avec le développement des relations
internationales, Bayonne ne peut que gagner en
importance.

Et puis, il y a le voisinage de Biarritz, où se
trouvent toutes les « distractions » que recherchent
les familiers des stations balnéaires, soit d'eau
chaude, soit d'eau froide. Le degré et la nature
importent assez peu, à la plupart. Levée de cartes
pour les messieurs, exhibition de toilettes pour
les dames, c'est l'attrait majeur de ces sortes de
séjours.

Il est une mode actuelle qui me semble menacer

une des grandes industries du Midi : c'est la mode des chaussures jaunes et surtout blanches. Jadis, de Nice à Bayonne, les rues et places fourmillaient de cireurs de souliers, aujourd'hui réduits à l'inaction. C'est la ruine d'une corporation où l'apprentissage, non plus que les outils, ne tenait pas une grande place.

J'ai commis l'imprudence de sortir, chaussé de cuir noir. Je n'avais pas fait cinquante pas, que trois ou quatre « cadets de Gascogne », la boîte à brosses en bandoulière, les espadrilles aux pieds, sollicitaient la faveur d'enlever la poudre de mes chaussures. Impossible de leur échapper.

Le remède était simple : j'ai acheté des souliers blancs.

Dimanche 25 septembre.

Hier, au départ de Bayonne, nous nous sommes trouvés quelque soixante ou septante journalistes se rendant au Congrès, les uns ayant fait halte comme nous, les autres en provenance directe de Bordeaux et Paris : des Français, des Allemands, des Italiens.

Tous se groupent, en raison de leurs affinités et de leur nationalité. C'est naturel, mais ce n'est pas logique. Pourquoi voyage-t-on ? Surtout pour voir du nouveau, de l'inconnu. Il semble donc qu'un bon complément du voyage, ce serait de s'isoler le plus possible du prévu et du connu.

De même pour la nourriture. Plus ce qu'on vous sert diffère de ce que vous mangez d'ordinaire, plus vous êtes en voyage. N'imitons pas les Anglais, gens qui se transportent beaucoup, mais qui, en réalité, ne voyagent pas et qui exigent partout un domestique parlant leur baragouin et leur servant le sempiternel befsteak, entouré de patates. Parbleu, master et mistress, ce n'est pas la peine de quitter votre île ! L'anglais qu'on y parle est meilleur et le bœuf qu'on y mange vaut mieux.

Parti de Bayonne, le samedi à onze heures du matin, notre train arrivera à Lisbonne, le lundi à quatre heures du matin: total, quarante et une heures pour accomplir 1,100 kilomètres! Et c'est le train qualifié express, le seul qui desserve directement la capitale du Portugal !

Pour être juste, je dois dire que ce train unique est suffisant: si, de celui qui nous transporte, on retirait les congressistes, il ne resterait pas beaucoup de monde.

Du reste, pendant les 300 kilomètres qui nous séparent de la frontière française, la voie ferrée a traversé une contrée peu habitée, montagnes arides ou plaines froides, rappelant tantôt le Bugey hérissé, tantôt le plat Dauphiné, avec les nombreux villages en moins. Pas de trafic et peu de voyageurs, ce n'est pas pour enfler les dividendes des actionnaires.

Quelques congressistes, se ralliant à l'idée que j'émets, rompent ce fatigant trajet de deux jours et deux nuits à fournir encore, et descendent à Burgos. L'endroit en vaut la peine. La vieille capitale des rois de Castille, la patrie du Cid, mérite l'honneur d'une visite.

Comme Bourges, comme Chartres, Burgos est une cathédrale entourée de maisons, mais une de ces cathédrales dont nos basiliques ne peuvent donner aucune idée. Au bâtiment principal, long de cent mètres, sont venus s'annexer des sanctuaires de différentes époques. Le tout, d'une richesse de construction et de décor incomparable, couvre un espace immense.

Le maître de l'œuvre ancienne était un homme du Nord, Jean de Cologne. Mais, de même qu'à Lyon le style ogival a subi les influences locales, de même ici le voisinage des Maures s'est fait sentir dans la broderie des pierres et l'éclairage du vaisseau. On en trouve la description dans tous les guides ou récits de voyage; je n'insiste pas.

C'est dimanche. Les Castillanes se rendent à

Burgos. — La Chapelle du Connétable, annexe de la Cathédrale.

l'office, vêtues de noir pour la plupart et coiffées de la mantille. A l'église surtout, la mantille est restée en vigueur. De ci, de là, vous voyez quelques groupes de famille, la maman dans la tenue traditionnelle, les filles en robes de couleur et portant chapeau à la mode de Paris. Jeunesse à part, ce ne sont pas les filles qui sont le mieux.

Les chaises sont des meubles inconnus. Le pavé des nefs et chapelles est semé de grands paillassons ronds, que les femmes tirent à elles pour s'y agenouiller. Parfois, elles vont se placer sur les marches inférieures de l'autel. Si la fatigue les prend, elles se laissent doucement choir sur leurs talons. Pourtant, vous rencontrez des dames, des raffinées, qui arrivent à l'église, tenant par une anse, comme une boîte à peinture, un petit escabeau canné dont les pieds sont repliés en dessous.

Il n'y a donc pas de sermons, ferez-vous peut-être observer. Je crois qu'il s'en fait peu; l'enseignement est primé par le culte. Les races méridionales ont plus besoin de sentir que de savoir, de croire que de connaître. Une belle cérémonie à l'autel, une méditation solitaire dans une chapelle auront toujours plus d'influence sur ces âmes que toute l'éloquence d'un théologien. La foi, comme l'amour, se passe de littérature et d'argumentation.

Ce qui surprend, c'est le manque de sentiment musical chez l'Espagnol, au moins dans les chants liturgiques. Au moment où nous entrions dans la cathédrale de Burgos, le chœur chantait un *Credo*. S'il est une partie de l'office, dans toutes les liturgies chrétiennes, qui ait un caractère marqué et facilement reconnaissable, c'est bien ce récitatif. Ce qu'on chantait à Burgos était méconnaissable, et, comme valeur musicale, un des Italiens de notre groupe le jugea d'un seul mot : *Fagotto!*

Bon! une averse qui tombe. Est-ce que, pour avoir de la pluie, il faut venir de Lyon en Espagne? Et n'aurais-je pas mieux fait d'acheter un parapluie, au lieu de souliers blancs?

Burgos est à 856 mètres d'altitude. L'air y est parfois fort vif et la pluie y fait aussitôt baisser la température. Aussi la plupart des fenêtres et des balcons sont-ils pourvus d'un *mirador*, vitrage qui fait saillie en dehors et derrière lequel, si vous regardez dans la rue, vous êtes à l'abri du vent, du serein ou de la pluie.

Pendant que je jette ces notes sur le papier, un orchestre se fait entendre sous ma fenêtre. Ce sont des forains qui font connaître leur présence et annoncent leurs exercices, mais un orchestre comme il s'en voit peu : six cuivres dont trois tenus par des femmes. Une forte matrone dirige la marche, en soufflant dans un ophicléide, pendant que deux señoritas, ses filles sans doute, battent, l'une la grosse caisse, l'autre le tambour, et fort gentiment, je vous assure.

Cela seul vaut presque le voyage.

⁚

Le système du train unique par jour impose nécessairement un séjour de vingt-quatre heures pour chaque arrêt. Afin d'employer l'après-midi, et la pluie cessant, nous frétons une voiture pour nous rendre à la Chartreuse de Miraflores, à huit kilomètres de Burgos.

C'est une visite intéressante, bien que toutes les chartreuses aient un air de parenté. Celle-ci est la seule qui soit encore, en Espagne, occupée par des chartreux, et encore peut-on se demander si les religieux sont recrutés de ce côté des Pyrénées.

Un congressiste, s'adressant à un frère qui est dans l'église et paraît se tenir à la disposition du public : « Parlez-vous français ? » Et le frère, avec un accent que vous devinez, de répondre : « Si je parle français ! je suis de Marseille. »

De Miraflores, nous nous faisons conduire jusqu'à un village où se tient, nous a-t-on dit, la fête patronale. Bien qu'il bruine par moment, on danse sur la place. L'endroit est de peu d'importance et d'aspect pauvre. Un cabaret, *taberna*, est ce que j'ai vu de plus misérable jusqu'à ce jour. Mais nous y buvons d'excellent vin blanc.

Sur la place, deux ménétriers, assis sur une charrette, jouent de ce petit chalumeau à anche, que les peintres du siècle dernier prêtent à leurs bergers. Dans mon enfance, il s'en vendait, de format réduit, comme jouet d'enfant : on appelait cela une pine.

Ils jouent un motif de valse très lent et très doux. Les couples s'enlacent et tournent avec une correction tout allemande, mais avec une grâce, un abandon, un bercement que ne connaissent pas les gens du Nord. Parfois, le couple se sépare et les deux danseurs continuent le mouvement de valse, en agitant gracieusement les mains.

Pour connaître l'Espagnol, il faut l'avoir vu danser, de même qu'il faut avoir vu l'Allemand boire et l'Anglais manger, et avoir entendu l'Italien chanter et le Français causer.

Le plus charmant, ce sont des petites filles qui, par côté, s'essayent à danser, tantôt enlacées, tantôt en vis-à-vis, avec des gestes d'une gaucherie délicieuse.

Je possède environ dix-huit mots d'anglais et autant d'italien, mais je n'ai pas encore pu me faire un bagage suffisant d'espagnol. Pourtant, j'arrive à demander à une des fillettes, non pas son âge, mais combien elle a d'années : *Seis?* Mais elle me répond fièrement : *Siete.* Mes moyens ne me permettaient pas de pousser plus avant la conversation.

Lundi, 26 septembre.

Le pénible en ce voyage, c'est qu'à peine s'est-on mis à piocher l'espagnol, il faut le lâcher pour apprendre le portugais : une bien vilaine langue, j'en demande pardon aux compatriotes de Vasco de Gama et de Camoëns.

Les deux peuples, espagnol et portugais, de même que les Anglais et les Français, semblent s'être donné à tâche de prendre le contre-pied l'un de l'autre. L'Espagnol parle les dents serrées, le Portugais ne fait agir ni les dents ni les lèvres et tire tout du gosier. Plus de consonnes ou presque plus, dans le corps des mots; les voyelles dominent : *José*, Joseph, devient *Joé; color*, couleur, devient *côr.* La consonne préférée c'est l'*r*, qui, de même que dans le dialecte lyonnais, prend sou vent la place de l'*l* : *praça*, place, *branco*, blanc.

Un point sur lequel le Portugal se sépare de l'Espagne, et dont il n'y a qu'à se féliciter, c'est la propreté et le confortable. Ici, le matériel des chemins de fer vaut le nôtre. Ce qui n'empêche que les trente et une heures de trajet, de Burgos à Lisbonne, ne nous paraissent une étape horriblement dure.

Dans ce laps de temps, se trouvent comprises deux nuits, et, le jour, le paysage n'est pas pour distraire les yeux. De Burgos à la frontière, une succession de plaines grises, bornées à l'horizon par des monticules de sable ou de pierres ; peu d'arbres, de rares habitations, pas un pied de vigne ; car nous sommes constamment à des altitudes de 800 mètres et plus.

Le matin, vers cinq heures, nous contournons Salamanque, la vieille cité universitaire, qui, Victor Hugo l'a dit :

> S'endort au son des mandolines
> Et s'éveille en sursaut aux cris des écoliers.

Les écoliers espagnols, comme tous leurs compatriotes, n'ont pas l'habitude de se lever de grand matin : car Salamanque dort profondément, à l'ombre de ses tours et de ses clochers qui se profilent dans les claires lueurs de l'aube. Nous passons, avec le regret de ne pouvoir donner une journée à « la Mère des vertus, des sciences et des arts », ainsi que s'intitule l'Université de Salamanque.

Notre passage avait été annoncé au buffet de Villa Formoso, première station en Portugal et siège de la douane portugaise. Mais le chef de train, en bon Espagnol, ne pouvant accepter l'idée qu'une soixantaine de repas à trois francs allassent enrichir les voisins, raconta que Villa Formoso est un endroit dénué de tout ; mieux valait s'arrêter à Fuentes de Oñoro, dernière station espagnole. Ce qui fut fait. Le déjeûner fut quelconque, mais au moins nous laissa-t-on le temps de l'absorber : une demi-heure vint s'ajouter au retard, déjà considérable, qu'avait notre train. Au buffet de Villa Formoso, un superbe couvert était préparé. Hélas pour l'hôtelier et pour nous !

La frontière espagnole franchie, la voie s'engage dans une contrée montagneuse dont les saillies sont faites d'énormes blocs erratiques, comme on en rencontre dans le Lyonnais. Mais ici, ce n'est point par trois ou quatre qu'on les compte : ils sont amoncelés par centaines et par milliers, et de dimensions parfois colossales. C'est moins triste que la Castille ; mais, en dépit de quelques arbres sur les hauteurs, de quelques filets d'eau dans les fonds, cela manque de couleur et devient monotone en diable — surtout pour des gens qui ont mal dormi.

Ce pays est pauvre et ne saurait nourrir beaucoup de monde. Aussi, ne sommes-nous nullement surpris d'embarquer, toute la nuit et à chaque station — elles sont à de grandes distances les unes des autres — des émigrants. Leurs familles les accompagnent à la gare. De part et d'autre, les mouchoirs s'agitent aussi longtemps que l'on reste en vue. Mais je n'ai vu pleurer personne : peut-être ceux qui restent envient-ils ceux qui partent.

A partir de Guarda, la voie commence à descendre. A mesure que nous gagnons les altitudes moyennes, les cultures s'accusent, les oliviers se multiplient, quelques vignes apparaissent.

Ce serait ingrat de ma part de clore mes notes sur cette longue étape sans accorder un souvenir à d'excellents compagnons de route que m'ont donnés les hasards d'un changement de voiture : deux congressistes, tous deux avocats et publicistes, l'un accompagné d'une charmante femme, fille d'un personnage politique très connu, l'autre fils d'un peintre de talent.

Grâce au fond de philosophie et de bonne humeur de ces aimables voisins, j'ai trouvé moins longues les trente heures de régime cellulaire, et, en mettant en commun ce que chacun de nous possédait d'espagnol et improvisait de portugais, nous arrivions presque à nous faire comprendre.

Il me faut aussi mentionner l'aimable rencontre d'une voyageuse, fille d'un haut, très haut personnage portugais. Cette gracieuse personne, accompagnée d'une gouvernante, était montée dans notre compartiment, un peu avant Pampilhosa. Devinant en nous, du premier coup d'œil, des congressistes, elle se met aussitôt en frais d'amabilité. C'était d'un heureux augure pour notre entrée en Portugal, mais la vérité m'oblige à dire que la suite ne confirma pas toujours cet accueil. Nous ne devons que davantage lui savoir gré de ses attentions. Arrivés à l'embranchement de Porto et Lisbonne, elle nous fit attribuer un compartiment réservé.

Mardi 27 septembre.

La première surprise, quoique prévue, qui attend l'étranger à Lisbonne, c'est le prix des choses énoncé en monnaie du pays, le *reis*. Vous savez que le reis est une monnaie de compte, de si mince valeur qu'elle n'existe pas métalliquement. Tout de même, vous avez un haut-le-corps involontaire, quand un cocher vous demande 800 reis pour transporter vos personnes et vos bagages.

Cela représente environ 4 francs. Le calcul vous rassure ; ce n'est pas ruineux, mais c'est encore assez cher.



3

Je n'entreprendrai pas le compte rendu des travaux du Congrès, qui sont d'ordre spécial et d'intérêt professionnel. Le roi et la reine en avaient fait l'inauguration la veille. Des questions inscrites à l'ordre du jour de cette séance du mardi, la principale est l'étude des moyens qui pourraient garantir la propriété des articles de presse. On n'est d'accord ni sur le fond de la question, ni sur les formes des garanties. Naturellement, entre journalistes une discussion reste toujours ouverte.

Les réunions se tiennent dans l'hôtel de la Société de Géographie dont les services sont largement et superbement installés. Bureaux, bibliothèque, collections ethnographiques, salles de conférences, tout est fort bien ; la grande salle, avec galerie sur les quatre faces, doit contenir quinze cents personnes.

Après déjeûner, les congressistes sont invités à une promenade au château royal de la Pena. Nous nous mettons en route par train spécial, à midi et demi, pour Cintra, station située à vingt-huit kilomètres de Lisbonne, dans un massif rocheux, boisé de pins et d'eucalyptus : quelque chose de l'importance du mont d'Or lyonnais, avec la physionomie de la Grande-Chartreuse.

De bonnes voitures nous attendent à la gare de Cintra et nous transportent, par des routes en

Lisbonne. — Église de Bélem.

lacet, au château de la Pena. Il occupe le plus haut sommet et commande les alentours. C'est une vieille demeure féodale, qui offre ce rare caractère d'avoir été conservée, entretenue, et d'être encore habitée, de temps à autre, par la famille royale.

L'air y est excellent, la vue admirable. A droite, c'est le Tage, déversant dans l'Océan ses eaux tièdes et dorées ; à gauche, une vaste plaine, fortement inclinée au levant et au midi, dont les parties hautes sont couvertes de vignobles ; au loin, des montagnes qui se détachent noires dans le ciel lumineux.

C'est de ce masif que sourdent les eaux dont s'alimente Lisbonne, eaux d'une pureté très grande et que les citadins, même les plus aisés, boivent avec gourmandise. Je partage leur goût. Quant au château lui-même, il est doté d'un puits qui mesure en profondeur 529 mètres ! Je n'ai pas vérifié.

Nonobstant, la collation qui nous est servie est accompagée de meilleurs crûs du pays. Cette collation, offerte sur des plateaux qui circulent à travers la terrasse, se compose d'une infinité de mets, découpés en morceaux de la grosseur d'un bonbon et piqués d'une menue brochette de bois.

Il paraît — ce sont les journaux du lendemain

qui nous l'ont appris — que le menu comportait
une douzaine de plats : turbot frit, volaille truffée,
que sais-je ! Je crois bien que cette dinette n'a dû
empêcher personne de souper, en rentrant en ville
le soir.

Mercredi 28 septembre.

« Lisbonne, m'avait dit un Lyonnais, c'est le
Havre en plus grand et avec davantage de lumière ».

A Lisbonne, en effet, vous vous sentez moins
dans le Midi qu'à Marseille ou à Bayonne. Ni le
caractère des habitants — dont beaucoup, au
surplus, sont blonds — ni la physionomie de la
ville ne correspondent au degré de latitude.

Mais un point par lequel Lisbonne diffère du
Havre, c'est le mouvement de la marine. Nous
ne voyons, amarrés au quai, que de rares bateaux
dont la plupart sont des porteurs de charbons
anglais. Où sont les fières caravelles de Vasco
de Gama et de Pedro Alvarez Cabral ?

De plus, les édifices publics de Lisbonne ne
sont pas ceux d'une capitale ; les églises mêmes
ne peuvent en rien être comparées à celles
d'Espagne.

A bien y réfléchir, la plupart des monuments
dont s'enorgueillit telle ville ou tel pays ont été

faits avec de l'argent venu d'ailleurs : pour les
capitales, c'est l'argent des provinces ; pour les
pays conquérants, c'est l'argent des tributaires.
Or, Lisbonne n'est pas la capitale d'un pays
riche, et cette ville détruite par le tremblement
de terre de 1755, n'avait plus, pour reconstruire
des basiliques comparables aux églises d'Espagne,
l'or et l'argent des Indes à sa disposition ; la veine
était épuisée depuis un siècle.

Je crois, d'ailleurs, que les Portugais n'en
souffrent pas. Ce peuple ne paraît pas artiste et
ses fréquents contacts avec l'Angleterre ne sont
pas pour affiner ses goûts.

.:.

A deux heures, les membres du Congrès doivent
être reçus au palais d'Ajuda, par le roi et la reine.
Cette résidence est à une grande demi-heure de la
ville. Les abords en sont jalonnés d'habitations
pour la plupart chétives; on se croirait presque
dans la grande rue de Rochecardon. Au devant du
palais même, un ilot de bicoques qu'un Louis XIV
— ou un conseil municipal de Paris — aurait
depuis longtemps fait disparaître.

Je dis « conseil municipal de Paris », parce qu'à Lyon nous sommes beaucoup plus endurants. Les Lyonnais, sur ce point, sont un peu Portugais.

Ajuda est une maison bourgeoise, de très grandes dimensions. Bourgeoise aussi la réception que nous font les souverains. Tout l'apparat est dans la double haie de hallebardiers que nous franchissons, à la descente de voiture. On circule ensuite aussi librement que chez un particulier; on défile même, sans être présenté ni nommé.

La reine Amélie, avec une grâce toute française, tend à chacun sa main ; don Carlos en fait autant. C'est d'une simplicité helvétique, et le contraste est d'autant plus piquant que, ce jour étant un anniversaire officiel, la reine est en manteau de cour, les épaules couvertes de diamants, et que les souverains sont encadrés d'un cortège de ministres, d'ambassadeurs, de généraux, y compris l'archevêque de Lisbonne, patriarche des Indes.

Le comble a été la réception des dames. Comme les femmes des congressistes n'avaient que des tenues de ville, il avait été dit, le matin, que l'étiquette ne permettait pas de les recevoir. Mais la reine a voulu passer outre, et les dames ont défilé après nous, quelques-unes en simple toilette de voyage.

La Reine de Portugal.

La canne blanche des chambellans a dû en frémir dans leur main. Assurément, le chef du protocole de l'Élysée ne tolérerait point une telle inconvenance.

Un de nos confrères a rapporté un mot de don Carlos, dont je ne garantis pas l'authenticité absolue, mais qui a le mérite d'être fort drôle. Comme ce journaliste exprimait l'idée qu'on pourrait en Portugal se croire dans un pays en république : « Il ne peut en être autrement, riposta le roi, car moi-même je suis républicain. Seulement, il faut bien que je reste roi, puisque je n'ai jamais appris d'autre métier. »

Après la réception, nous voyons plusieurs des nobles hallebardiers de tantôt qui se débandent. Un d'eux, sa pique sur l'épaule, regagne tranquillement son logis, en fumant un gros cigare. C'est ainsi que l'ancien Consulat lyonnais avait des arquebusiers pour les services extraordinaires et que nous avons encore des gardes à cheval qui ne figurent qu'aux grands jours.

D'ailleurs, les professionnels, les militaires portugais n'ont pas, tout de même, la fière allure des espagnols. Nonobstant leurs grands cordons et leurs plaques, les généraux rappellent nos officiers de la garde nationale. D'une façon générale, tout ici manque de caractère. Le type de la population est banal, et tout le charme des femmes est dans leurs dents qui éclairent leur visage impassible d'une lumineuse blancheur.

La partie la plus vivante de la population des rues est fournie par les Galliciens, *Gallegos*, montagnards espagnols qui viennent vendre leurs services aux habitants de Lisbonne. Les hommes sont portefaix, commissionnaires — pompiers même les jours d'incendie, à ce qu'on m'assure; les femmes circulent portant sur leur tête des mannes de poissons ou autres denrées; les gamins vendent des journaux; tous trottent pieds nus, l'attitude ferme et leste.

Le soir, le Congrès se rend en promenade à Cascaes, station de bains, à l'embouchure du Tage. Entre temps, visite à l'église et au cloître de Bélem, merveilles que le tremblement de terre a épargnées et que le dessin ni la photographie ne sauraient rendre. Dans ce style dit « manuelesque, » du nom du roi Manuel (1495-1521), l'architecte a savamment cuisiné ensemble l'art ogival, l'art mauresque et l'ornementation de la Renaissance.

Cette combinaison acquiert une saveur spéciale, mais le genre ne supporterait pas la médiocrité; il ne supporterait même pas une réduction d'échelle. Ramenez ces superbes arceaux à des proportions moindres, et supposez un peu moins de fini dans la décoration : ce sera du style de casino.

Cascaes, ai-je dit, est une station au bord de la mer. On assure que l'endroit est charmant. Alors, quelle idée d'y conduire les congressistes, entre neuf heures du soir et minuit, par chemin de fer et non par bateau ?

Jeudi, 29 septembre.

Ce matin, se tient la séance de clôture du Congrès. On y a traité de la création d'une école de journalistes, qui — cela va de soi — délivrerait des diplômes. Qu'on vienne maintenant nous parler de la suppression du baccalauréat !

Mais l'incident le plus remarquable — et il serait partout remarqué — c'est le discours prononcé par notre confrère, Emilio Faelli, au nom de la presse italienne, pour remercier l'assemblée d'avoir choisi Rome pour siège du prochain congrès.

Ce discours est en latin. Pendant des siècles, le latin a été la langue universelle. Pourquoi n'y reviendrions-nous pas ? Cela simplifierait beaucoup de questions et ferait taire toutes les susceptibilités.

Faisant allusion à l'expression antique : *Urbi et*

*orbi*. M. Faelli prévoit que, avec la présence, à Rome, des publicistes du monde entier, on verra *Orbem in urbe*. Pour n'être point en reste, M. Claretie qui préside répond par un : *Plaudite, cives*, accueilli par une longue salve d'applaudissements. Les délégués allemands, *herren professoren* d'Heildelberg ou d'ailleurs, sont dans une véritable jubilation.

C'est le lieu de dire que, dans les Congrès internationaux de la presse, on parle français. Cependant, chaque fois que l'Assemblée doit se prononcer par un vote, les motifs et conclusions du rapport sont développés en anglais et en allemand par des nationaux.

Après midi, course de taureaux. Ici, l'on ne tue pas le taureau. Quand ce genre de divertissement fut introduit en Portugal, au siècle dernier, le marquis de Pombal, consulté par le roi, lui répondit : « Vous n'avez pas assez de sujets pour risquer la vie d'un homme contre celle d'un taureau. »

Le taureau a donc ses cornes dans des étuis; il est *embolado*. L'intérêt du spectacle consiste en d'adroites manœuvres de cavaliers, montant de superbes bêtes, qui plantent les *banderillas* sur le dos du taureau. Je me réserve de comparer, lorsque nous verrons, en Espagne, une *corrida de muerte*.

..



Il me faut mettre cette journée à profit pour résumer mes impressions sur Lisbonne — du moins, sur le Lisbonne extérieur, le seul qui soit accessible au passant.

Ville de trois cent mille âmes, capitale et port de mer, Lisbonne n'a pas de cafés. Du moins, la demi-douzaine d'établissements qui portent ce nom est du genre des anciennes maisons Casati et autres : vous pouvez faire le tour de la ville sans réussir à les trouver.

J'en ai déniché un, sous les arcades de la *Praça do Commercio*, avec mobilier acajou, datant du premier empire. En entrant, je prends mon plus pur accent portugais pour commander un chocolat : *De-me um chocolate*. Le garçon me regarde, de l'air d'un homme qui a éventé un étranger.

J'avais trahi ma nationalité, et je sus bientôt comment : dans toute la péninsule, le consommateur appelle le garçon en frappant des mains, et moi, ignorant, j'avais tapé sur la table avec le bout de ma canne.

Si Lisbonne n'a pas de cafés, il possède un

genre d'établissement que nous ignorons : des laiteries, ou, pour parler plus exactement, des vacheries. Au rez-de-chaussée sur rue, derrière un rideau retroussé, vous apercevez deux ou trois vaches proprement installées, dont le lait, trait sous vos yeux, ne peut être soupçonné d'aucune altération.

Les plus belles enseignes qui attirent vos regards sont celles des médecins, s'étalant sur toute la longueur de l'étage occupé par le praticien. J'en ai même rencontré une où se lit un nom féminin, suivi de la mention : *medica*. Informations prises, ce n'est point une simple accoucheuse, comme on pourrait le penser.

Au contraire, la corporation des sages-femmes procède avec une discrétion rare : sur le jambage de la porte d'allée, une simple croix, avec indication de l'étage, et une sonnette de nuit, sans aucun nom ni titre.

Vous rencontrez de nombreuses enseignes indiquant des *Collèges de demoiselles*. Je n'ai pas vu un seul écriteau annonçant une école de garçons. Il faut croire, cependant, que l'instruction n'est point le privilège du sexe aimable.

Beaucoup de façades sont revêtues de carreaux de faïence, de bas en haut. C'est d'un joli effet; de plus, on doit s'en bien trouver pour le service de propreté. Si le procédé était d'une application pratique à Lyon, ce serait le meilleur revêtement à opposer à nos fumées et à nos brouillards.

Lisbonne n'a rien à nous envier comme services de transport. La course en tramway coûte 20 reis ; lisez 10 centimes ; pour ce prix, on fait cinq kilomètres.

Quant aux voitures de place, elles coûtent de 800 à 1,000 reis l'heure ; mais elles sont attelées de chevaux dont la vitesse et la sûreté, tant aux montées qu'aux descentes, sont vraiment remarquables. Notre cocher, à la descente de Cintra, nous avait menés d'un train qui n'était pas sans nous donner quelque émotion.

Il faut, enfin, mentionner un emploi du personnel de la police qui est particulier à Lisbonne. Des gardes ou sergents de ville font un service de plantons dans les hôtels. Vous en trouvez toujours un au bureau, prêt à faire vos courses et à vous conduire à la poste. Mais ne réclamez pas son intervention pour régler votre cocher : le garde se récuse et ne connaît pas du tout le tarif.

Samedi 1er octobre.

De Lisbonne à Séville, il y a six cents kilomètres. En France, un bon train direct de toutes

classes franchit cette distance en douze ou treize
heures ; ici, il en faut vingt-quatre.

Partis le vendredi soir nous passons, au jour, la
frontière espagnole. C'est l'Estrémadure, aux
plaines riches en blé, se succédant à perte de vue.
Mais point d'arbres, pas même de buissons ; un
sol encore hérissé des chaumes qu'y a laissés la
moisson et qui n'a pas reçu de seconde culture ;
si quelques hauteurs se dessinent à l'horizon, les
sommets et les pentes en sont dénudés : le mouton
a tout détruit.

La péninsule est, sans conteste, un pays très
catholique. Je ne me souviens pas, cependant, avoir
vu, se silhouetter dans les champs, aucun de ces
monuments religieux, croix ou oratoires, si nombreux dans d'autres pays. J'en avais fait la remarque
dans la première partie du voyage et, depuis, tout
a confirmé cette observation.

Cependant, la voie monte pour escalader la
Sierra Morena La contrée devient plus pittoresque,
mais le mouton a passé par là et vous ne voyez ni
prairie ni forêt ; des bouquets de pins ou de chênes-
liège aux troncs sanglants mettent seuls un peu de
couleur dans le paysage.

Au revers de la sierra, nous traversons une
contrée minière, ainsi que l'annoncent les noms
des stations entre Fabrica del Pedroso et Villa-

nueva de las Minas. Des engins se silhouettent sous la lumière mourante du jour.

Dans les gares, les femmes ont toutes une fleur piquée droit au-devant du chignon, sur le sommet de la tête ; nous sommes en Andalousie. Notre train descend avec toute la vitesse dont un train espagnol est capable, et nous entrons à Séville, à la grande nuit.

Lumière, bruit et mouvement. Nous retrouvons le Midi que nous avions perdu depuis Bayonne.

Le plus pressé est de souper ; car, depuis Lisbonne, nous avons vécu à la façon des oiseaux : une becquée au vol. On ne sait jamais au juste quand les trains partent, moins encore quand ils arriveront ni combien de temps ils vont s'arrêter.

Après souper, nous nous mettons en quête d'une *escuela de baile* — non précisément une école de danse, comme le nom semblerait l'indiquer, mais un endroit où l'on pratique les danses locales. Cette première tentative ne devait nous procurer qu'une demi-satisfaction.

Nous sommes conduits dans un vaste établissement, rappelant, par son ordonnance générale et par le public qui le fréquente, un café-concert de sous-préfecture. Au fond de la salle, un théâtre ; pour orchestre, un piano tenu par un aveugle. Le programme de la soirée en est encore à la partie chantée.

Le rideau se lève, une femme s'avance, une chaise à la main, et vient s'asseoir près du piano. Immobile, sans un geste, elle attaque une de ces mélopées gutturales, chères aux Maures et aux Orientaux, où se heurtent des soupirs, des glapissements, des appels et des sanglots.

Une autre femme lui succède ; la première n'était pas belle, ou du moins avait cessé de l'être ; celle-ci est franchement laide. Même gargarisme de notes sourdes ou éclatantes. Puis, c'est un artiste du sexe masculin.

Celui-là possède évidemment la faveur du public. Il s'avance, d'un air suffisant, tenant d'une main sa chaise, de l'autre une courte canne qu'il garde entre ses jambes et dont il tapote le plancher. A un moment il paraît vouloir commencer, mais il se ravise, fait un geste, et on lui tend un verre de je ne sais quoi, qu'il avale. Après deux ou trois fausses attaques, il part. C'est une mélopée du même genre, tenue, dans un registre suraigu, d'une octave au-dessus des précédentes. Le chanteur ferme les yeux et scande parfois ses paroles d'un coup de canne sur les planches.

Nous sommes plus étonnés que charmés, mais l'assistance éclate en bravos enthousiastes. Le virtuose est bissé et il recommence. Notre guide m'affirme que tout ce que nous venons d'entendre est chanson d'amoureux. Diantre ! les amoureux n'ont pas l'air heureux en Espagne ; en tout cas, ils n'ont pas le bonheur gai.

Mais voici un cliquetis de castagnettes. Quatre danseuses font leur entrée. O profanation ! elles sont en tutu, comme nos ballerines de théâtre. Une petite compensation nous est, cependant, réservée : deux premiers sujets arrivent ensuite, l'un, travesti en cavalier andalou, l'autre avec la jupe jaune d'or, la basquine noire et la mantille de dentelle.

Le *maestro de baile*, debout contre un portant, suit sa troupe des yeux et accompagne les pas de ses castagnettes. Il a une bonne tête, moitié péda-gogue, moitié sacristain. Pour sûr, c'est un convaincu, de la vieille école, et qui doit souffrir des concessions qu'il faut que sa troupe fasse à la mode. Et puis, un piano, au lieu de guitare et de mandoline !

Un des charmes du ballet — les vrais amateurs le savent — est l'impersonnalité des sujets. Le corps de ballet, une fois en mouvement, devient un être collectif, aux bras et aux jambes multiples, dont les têtes se confondent et forment un tout comme les fleurs d'un massif. Étions-nous trop près de la

scène? étais-je mal disposé? Je ne pus m'empêcher
de remarquer que trois des danseuses, sinon
quatre, étaient de parfaits laiderons. J'en fis l'observation au guide : « Si le maestro, me répond-il,
prenait des élèves trop jolies, il ne les garderait
pas. »

Dimanche 2 octobre.

« Séville, a dit Victor Hugo dans les *Orien-
tales*, Séville a la Giralda. » Séville n'a pas cela
seulement. Le poète lui-même, après s'être
complu à décrire Grenade et l'avoir mise au-
dessus de toutes les cités espagnoles, termine
ainsi :

> Grenade, la belle ville,
> Serait une autre Séville
> S'il pouvait en être deux.

Pour nous en tenir à la Giralda, cette tour
d'origine mauresque, de septante mètres de haut,
est un des rares monuments dont la vue ne m'ait
pas déçu. Les édifices, comme les gens, ressemblent
si peu souvent à leurs portraits! Et les pays,
encore moins. Ainsi, celui qui visiterait l'Espagne
sur la foi des récits accrédités se réserverait
nombre de déceptions.

Lorsque l'Opéra monta *Carmen*, le directeur,

Séville. — La Giralda (vue prise de la première cour de l'Alcazar).

soucieux d'être bien dans la note, pria un des nobles Espagnols qui habitent Paris de lui donner quelques conseils pour la mise en scène. L'hidalgo ne put s'empêcher de sourire, en assistant à la première répétition, et, puisqu'on voulait être vrai, il signala les exagérations et les incorrections. Mais tout le monde, auteurs, directeur et acteurs, se récria : « Une pièce, ainsi montée, manquerait de couleur locale ! Ce ne serait plus espagnol et *Carmen* ne ferait pas un sou. »

On sait que le visiteur monte à la Giralda, jusqu'à l'étage où se trouvent les cloches, non par un escalier mais par une rampe en pente douce, assez large pour donner passage à deux cavaliers de front. J'ai dit que je soupçonne les Espagnols, qui ont au plus haut point le sens du rythme, de manquer de sentiment musical. J'en verrais une preuve dans ces cloches suspendues sous les arceaux, chacune commandée par une corde isolée : le moment venu, elles seront mises en branle, tout ou partie, sans qu'aucune règle harmonique en combine le jeu.

De cette terrasse, l'œil jouit d'un panorama magnifique. En bas, le Guadalquivir faisant à la ville une ceinture de moire, une campagne semée de blancs villages et de feuillages aussi verts que le comporte un climat méridional ; au loin, fermant l'horizon tout le tour, la Sierra Morena et d'autres chaînes de montagnes, toutes si bien nommées *sierras*, scies. Sous ce ciel limpide, dans cette atmosphère pure et légère, la dentelure des crêtes se découpe brillante et prend un aspect quasi métallique.

La Giralda, avec la fontaine aux ablutions qui est dans la cour des Orangers et quelques murs de clôture, est tout ce qui reste de l'ancienne mosquée, construite au xiᵉ siècle. La cathédrale qui l'a remplacée est la plus grande de l'Espagne et une des plus grandes de la chrétienté : deux cents mètres sur quatre-vingts, deux fois la surface du Palais Saint-Pierre.

Cet édifice colossal, qui appartient encore à l'art ogival, est signé, chose rare, par un des artistes qui ont pris part à l'œuvre. Une inscription en langue vulgaire, placée au côté de l'évangile, vous apprend que *Nufro Sanchez, entallador*, a fait le chœur, en 1475.

Le tremblement de terre de 1888 a ébranlé l'édifice, qu'on a dû étayer à l'intérieur. Les échafaudages altèrent la physionomie du monument, qui reste néanmoins une des choses les plus étonnantes qu'on puisse voir, par les dimensions et par la richesse des détails. Je n'en essaierai pas la description, m'étant interdit la tâche facile de copier ce qui a été dit et si bien dit sur les monuments de la péninsule.

J'observerai la même réserve au sujet de l'Alcazar. Plusieurs villes d'Espagne possèdent des alcazars, mais celui de Séville est la seule résidence arabe conservée à peu près intacte et maintenue à l'état d'habitation princière. C'est l'Alcazar de la *Favorite*, « délices des rois maures » ; Charles-Quint l'a habité, et les appartements du premier étage sont tout prêts encore à recevoir en séjour la famille royale.

Les jardins s'étendaient autrefois jusqu'au Tage. Ils sont encore fort beaux ; plantés, pour partie, dans le style du xviie siècle. Avec du soleil et de l'eau, on fait pousser tout ce qu'on veut : tout est de remuer la terre pour que le soleil pénètre et de diriger l'eau là où besoin en est.

Notre visite terminée, il est l'heure du déjeûner. Après midi, course de taureaux et, le soir, nouvelles danses nationales. Déjà en 1840, Théophile Gautier se plaignait qu'il ne fût pas facile de se procurer ce spectacle.

La *Plaza de Toros* de Séville est en son genre, comme la cathédrale, le plus grand édifice de l'Espagne : l'axe de l'arène mesure soixante-sept mètres.

Aujourd'hui, c'est une course de « petits taureaux » ; les artistes par conséquent ne sont pas de ceux qu'on qualifie de « premières épées ». Néanmoins, les gradins sont garnis, mais les yeux chercheraient en vain cet amas de toilettes chatoyantes que l'imagination prête aux femmes pour ces sortes de spectacles.

Il en est, pourtant, quelques-unes, taches lumineuses dans cette mer aux flots noirs et gris. Sur notre rang, une solide brune de seize à dix-huit ans, accompagnée de son père, bonhomme aux allures de propriétaire campagnard, porte la mantille jaune, brodée de fleurs en couleurs. J'avoue être allé tout droit m'asseoir à côté d'elle. Il faut bien prendre de l'Espagne le peu qu'il en reste.

Six taureaux couraient. Nous en avons vu tuer quatre, dont deux assez proprement, et nous sommes partis. C'est vous dire qu'aucun de nous — nous étions trois — n'a été captivé par ce spectacle que l'on dit canaille, mais empoignant.

Les *picadores*, montés sur des chevaux aux yeux bandés, sont de gros lourdauds peu intéressants. Ils viennent planter leur pique sur le dos du taureau, offrant le poitrail ou le flanc de leur monture aux cornes de l'animal, qui, une fois sur deux, démolit le pauvre cheval.

Les *banderillos* à pied, sont plus attrayants, avec leurs passes habiles et leur adroite voltige. Aussi le *matador* qui plonge le fer jusqu'à la garde — et toujours en face — entre la nuque et les épaules de la victime. Mais, si le taureau est fort, il n'est pas malin, lâchant l'homme pour le manteau, la proie pour l'ombre. Sinon... !

Dès que les fanfares annoncent la victoire du *toréador*, des attelages de mules, chargées de pompons et de sonnailles, viennent pour entraîner les cadavres des chevaux et du taureau. Ecœurante desserte d'un régal dont nous n'avons pas réussi à saisir la saveur ! Toutefois, je ne le trouve pas plus immoral que ceux dont nos établissements de plaisir saturent le public des dimanches.

C'est un spectacle coûteux. Un toréador est payé aussi cher qu'un ténor, et, à eux seuls, ces « petits taureaux » représentent quatre années d'élevage et reviennent à huit cents francs la pièce ; les beaux sujets en coûtent jusqu'à deux mille. Ce sont ces fauves qui broutent le peu de pâturages que possède l'Espagne, au lieu de bonnes bêtes qui donneraient laitage et viande.

Et dire que j'ai lu l'annonce d'une course qui devait être donnée au bénéfice de l'œuvre de la

Croix-Rouge ! Il y a, vous le voyez, bien des manières d'entendre les questions d'humanité.

Désireux d'un spectacle plus gracieux, nous nous rendons au faubourg Triana, de l'autre côté du Guadalquivir. Notre guide, qui nous attendait au sortir de la plaza, connait des familles où se gardent les vieilles traditions, où de jeunes ouvrières, danseuses émérites, savent encore ces danses qui sont, par excellence, la manifestation du génie espagnol, mélange d'abandon et de fierté, de vivacité et d'indolence.

Nous sommes introduits dans un de ces humbles intérieurs, au rez-de-chaussée d'une rue mal éclairée ; car la nuit est venue et nos pieds ont choppé plus d'une fois aux aspérités d'un sol inégal. Le cadre est médiocre, mais le tableau n'est pas dépourvu d'attraits.

Une grande chambre. Dans le fond, un lit de fer, de fabrication anglaise ; aux murs, quelques chromos ; sur un buffet, une lampe à trois becs, genre empire. La famille et des voisins bénévoles se rangent en demi cercle, les jeunes visages au centre, les autres à droite et à gauche ; le bouquet est bien présenté.

Mais il nous faut d'abord subir un chanteur, qui nous sert une seconde audition des « lamentations » entendues hier : assis sur une chaise, même immobilité, même bâton à la main, même glapissement guttural. Enfin, c'est la danse, mais la danse dans toute sa simplicité et sa grâce primitives.

Une des jeunes filles entonne une chanson, assez pauvre comme motif musical, mais bien rythmée ; tous les assistants battent des mains, en parfaite cadence, lançant des *Ollé !* de temps à autre. A tour de rôle, les danseuses évoluent au milieu, tantôt seules, tantôt à deux. Pas plus que le chant, leur danse n'obéit à des règles précises. C'est une sorte d'improvisation, telle qu'un musicien peut en faire sur son instrument. En somme, toute l'originalité d'une végétation sauvage, tout l'arome d'un fruit cueilli dans les haies.

Notre guide avait fait prix à cinq pecetas. Mais, une fois dans la rue, une des jeunes filles, qui avait pris part, vers la fin, à la danse, court après nous et m'adresse, à moi personnellement, une requête dont sa main tendue me fait comprendre le sens ; elle réclamait ses honoraires. Danseuse de la dernière heure elle n'avait pas droit, paraît-il, à la répartition. Je lui octroyai de bon cœur une peceta, et elle nous envoya un joli *Gracias!* qui, à lui seul, valait l'argent.

Plus avant dans la soirée, mes compagnons sont allés dans deux bals publics, en ville. Ils y ont revu

des sévillanes, des fandangos et des séguedilles,
avec plus de mise en scène et davantage d'exé-
cutants. Pour moi, je suis de ceux qui, passé dix
heures, ne sont plus lucides.

Lundi, 23 octobre.

En revanche, j'adore, quand je suis en voyage,
me lever à la première heure et surprendre le
mouvement d'une ville au réveil.

Séville ignore ces rues disposées en échiquier,
qu'affectionne la voirie moderne. La ville forme
une immense mosaïque, dont les compartiments
sont capricieusement dessinés par des rues qui se
croisent, s'enchevêtrent, pleines d'imprévu et de
variété. Dans les moins étroites passent des
tramways, aux voitures attelées de mulets.

La plus animée est la *calle de las Sierpes*.
Figurez-vous notre rue Mercière, avec des maisons
moins hautes, fermée aux voitures et toute bordée
de boutiques aux brillants étalages, de cafés et de
cercles ouvrant sur la chaussée. L'étroitesse même
de la rue en accroît l'animation ; le courant des
promeneurs n'est pas divisé ; ils portent leurs pas
et leur vue librement, à droite ou à gauche, sans
avoir à se garer des voitures ou d'autres embarras.

Dans les rues moins marchandes, toute maison

a son *patio*. « Ce n'est, a dit Edmond de Amicis, ce n'est pas une cour, ce n'est pas un jardin, ce n'est pas une salle : ce sont ces trois choses à la fois. » Le *patio* est orné de quelques verdures, assez souvent d'une fontaine. On l'aperçoit de la rue, à travers une grille ; c'est l'intérieur de la maison arabe, c'est aussi l'atrium de l'habitation antique. Lyon, qui a conservé tant de traditions romaines, aurait bien dû conserver celle-là.

Le *patio* est précédé d'un vestibule. De petites servantes en lavent le carrelage, aux heures matinales. Leurs moyens ne leur permettant pas d'acheter une fleur, quelques-unes ont piqué à leur chignon une brindille de verdure, cueillie aux plantes qu'elles viennent d'arroser.

Au chevet d'une église, sur le seuil d'une porte qui doit être l'entrée de la sacristie, un ecclésiastique fume une cigarette. Ici tout le monde fume, mais on ne demande jamais du feu à personne. Chacun a des allumettes en poche ; c'est un principe, à tel point que vous n'en voyez ni dans les cafés, ni dans les chambres d'hôtel.

Bien que frappées d'un impôt, les allumettes sont de moitié moins chères qu'en France. De plus, les Espagnols étant un peuple légèrement arriéré, ils en sont encore, pour leurs allumettes, où nous en étions il y a trente ans : elles s'enflamment à tout coup et vous n'êtes pas dans la nécessité d'en frotter jusqu'à trois ou quatre pour obtenir du feu. Il faut dire que l'État en laisse la fabrication aux industriels et n'a pas encore eu l'idée de la confier à des intellectuels. Chacun son métier et les allumettes seront bien faites.

Voici une sœur de Charité, coiffée d'une cornette un peu différente de celle de nos sœurs françaises, bien que la province espagnole appartienne au même institut. En 1790, une colonie de sœurs était partie de Paris afin de fonder des maisons en Espagne. Mais la Terreur ayant dispersé les religieuses de l'ordre, en France, la branche espagnole se trouva isolée de toute direction et subit peu à peu quelques modifications. Elle s'est rattachée à la souche maternelle, mais les sœurs d'au delà des Pyrénées ont gardé leur coiffure, moins volumineuse et moins fin de xviiiᵉ siècle.

Voici un muletier qui décharge un panier et se régale d'un grand verre d'eau. L'Espagnol est, comme le Portugais, friand de bonne eau qu'il déguste en gourmet. Aux courses, sur les promenades, il y a des marchands d'*agua frià*. Je conviens que ce genre d'affaires, si actif soit-il, ne doit pas chiffrer.

Dans les boutiques de certains *peluqueros*, cumulant les doubles fonctions de barbiers et de

cireurs de bottes, les clients de la première heure
se font accommoder, de la tête aux pieds. Très peu
de gens portent la barbe entière ; la moustache se
voit aux jeunes, et encore, chez les hommes de
conditions inférieures, ce sont les visages complè-
tement rasés qui dominent.

La fleur au-dessous du chignon, la mantille
formant bec au-dessus et l'éventail en main, des
cigarières s'acheminent vers la manufacture de
tabac, non de ce pas leste et menu qui a valu
à nos ouvrières le joli nom de trottins, mais
avec le nonchaloir et le balancement des filles de
l'Orient.

Nous avions demandé l'autorisation de visiter la
fabrique et nous y avons été admis, l'après-midi.
Elles sont là quatre mille. Ce chiffre seul vous
avertit qu'il faut laisser sur le seuil toute ré-
miniscence d'opéra-comique et toute idée d'un
essaim de houris. Qu'il y en ait de fort jolies, la
chose est sûre, et ce serait lamentable qu'il ne
s'en trouvât pas sur quatre mille ; mais l'âge et la
beauté y sont représentés aux degrés les plus
divers.

Cigares et cigarettes se font entièrement à la
main, sans outil ni machine. Une bonne ouvrière
roule un millier de cigarettes dans sa journée.

Un détail qui frappe le visiteur, c'est la quantité

d'ouvrières qui travaillent, un berceau à côté d'elles. Il faut que vous sachiez que les cigarières sont très recherchées en mariage. Elles gagnent de 2 à 3 francs par jour. Ce n'est pas une dot d'Américaine ; mais, avec une rentrée fixe de 15 à 18 francs par semaine, un ménage est à l'aise et l'homme peut passer son temps à jouer ou à dormir, assuré, du fait seul de son mariage, d'avoir le souper, le gite et le reste.

Je ne puis clore ces notes rapides sur Séville, sans nommer ses promenades : le *paseo San Telmo*, *las Delicias*, le parc Marie Christine, aux beaux orangers, aux fraîches verdures, situés au bord du Guadalquivir dont les eaux portent navires ; Séville n'est qu'à vingt-cinq lieues de l'Océan.

La tour de l'Or témoigne encore, par son nom, des arrivages de métaux précieux que Pierre le Cruel et ses successeurs y mettaient en garde. Il y a bel âge que ces trésors sont partis sans retour ! La récolte de l'or ne se fait qu'une fois, tandis que les autres se renouvellent à perpétuité.

Je me reprocherais aussi de ne point payer mon humble tribut d'admiration à cet enfant de Séville, qui a nom Murillo et dont le meilleur de l'œuvre est resté dans sa ville natale. C'est une vérité d'ordre banal, qu'il faut être allé en Espagne pour connaître les maîtres espagnols — en particulier, Murillo, insuffisamment représenté dans les musées d'Europe.

Beaucoup d'artistes ont idéalisé la chair ; Murillo la spiritualise. Ses saints appartiennent bien à l'humanité que l'on coudoie et le sourire de ses vierges se retrouve encore sur les jeunes visages que vous rencontrez dans les églises andalouses. Mais l'artiste les éclaire d'une flamme qui a son foyer dans le personnage lui-même, et qui traverse la forme humaine ; l'âme transparaît sous la matière, comme au travers d'un voile.

Au nombre des vingt-trois toiles que possède le Musée provincial, installé dans l'ancien couvent de la *Merced*, est le *S. Thomas de Villeneuve faisant l'aumône*. Ce tableau que le maître regardait comme son chef-d'œuvre, de même le *S. Jean de Dieu portant un malade*, qui se voit à l'hospice de la *Caritad*, vous saisissent par la puissance de leur réalisme, au bon sens du mot, joint au sentiment le plus pur et le plus sublime.

Dans le *S. Antoine de Padoue*, de la cathédrale — dont un adroit voleur avait réussi à découper la tête, il y a quelques années — Murillo atteint un degré de spiritualisme dont nul artiste n'a peut-être approché. Et là, dans les moindres détails, vous constatez cette même scrupuleuse observation de la vérité qui est la caractérisque de l'école espagnole.

Les motifs tirés de la nature figurent rarement dans les œuvres de cette école. Jamais de ces échappées sur la campagne, comme nous en offrent les maîtres italiens ou flamands ; moins encore de véritables paysages. Comment se serait-il formé des paysagistes dans une contrée où le paysage n'existe, pour ainsi dire, pas ? L'Andalousie, patrie de Murillo, est une province riante et fertile, mais, sauf exception, le paysage selon le langage des peintres, « ne s'arrange pas, n'est pas décoratif ».

Des moines extatiques, des guerriers à l'allure fendante, des femmes aux formes souples, des mendiants en guenilles, voilà les thèmes ordinaires des peintres espagnols, et c'est bien, je crois, toute l'Espagne.

Cependant les moines se font rares, si même ils n'ont point disparu : nous n'en avons jamais rencontré. Mais les militaires foisonnent, portant beau sous des uniformes qui offrent beaucoup plus de variété et de caractère que les nôtres. Quant aux femmes, il faut s'entendre.

Laissons de côté la distinction à faire entre le charme et la beauté, deux choses qui ne sont pas nécessairement liées, et tenons-nous en au type.

En Espagne, comme dans tous les pays qui ont conservé une physionomie propre, les femmes ont du type, et ce type est souvent beau, surtout dans le Sud. Mais, que le costume soit cause ou effet, nul n'ignore quel rôle important il tient. Supprimez le costume : là où la beauté du type semblait l'apanage de la masse, elle reste le privilège de quelques unités.

Or la coiffure même tend à disparaître en Espagne. C'est ce que, partout, les femmes défendent le plus longtemps. Elles ont raison. Pour s'en convaincre, il suffit de comparer les Andalouses qui ramènent encore leurs cheveux en chignon au sommet de la tête et se couronnent de la mantille, avec celles qui s'affublent des chapeaux genre Louvre ou Bon-Marché.

Le déchet est d'autant plus grand que la mantille, comme le foulard ou le voile, emprunte un cachet personnel à chaque femme qui la porte, tandis que le chapeau, plus encore que le bonnet, est d'avance condamné à la fixité et à la banalité. Eût-il du cachet que le chapeau est toujours fait à l'image de la faiseuse et non de celle qui s'en pare.

Après les moines, les militaires et les femmes, j'ai nommé les mendiants. En voilà une espèce qui n'est pas sur le point de disparaître ! Vous ne pouvez faire un pas sans en être enveloppé comme d'un vol de moustiques. Ils vous poursuivent dans les églises et vous guettent à la sortie des magasins. Il en est de tout âge : des vieillards, des mères de famille, des enfants seuls. Ceux-ci ont la spécialité de n'avoir point de père : « *Non tengo padre* », vous répètent-ils couramment. Les pères, je suppose, attendent tranquillement à la maison la recette de la mère ou des enfants.

Cette obsession de tous les instants est horripilante, mais est-il bien sûr que le nombre des gens qui tendent la main soit plus grand en Espagne que chez nous ? Je ne le crois pas. En réalité, le procédé seul diffère : en France, au lieu de quémander auprès des individus, on s'adresse à la collectivité, État ou commune.

Cela me donnerait à penser que la mendicité n'est, au fond, qu'une forme bénigne du socialisme, l'un et l'autre partant d'une même idée fausse : le mendiant croyant qu'il n'y a qu'à demander, le socialiste qu'il n'y a qu'à prendre.

**

Mardi, 4 octobre.

Vers Pâques, les visiteurs du monde entier affluent à Séville afin d'assister aux processions et cérémonies qui marquent la semaine-sainte. La

« merveille de l'Andalousie », pour retenir l'étranger pendant plusieurs jours, n'aurait pourtant nul besoin de ces exhibitions tant soit peu païennes.

Nous l'avons quittée pour Cordoue, après deux journées bien employées. La plupart des congressistes avaient mis Grenade dans leur programme. Faute de temps, j'ai dû me refuser cette incursion dans l'est andalou. A mon retour, me suis-je dit, je relirai le *Dernier des Abencérages*, en évoquant mes souvenirs de Séville et de Cordoue.

Le trajet entre ces deux villes, accompli de nuit, ne m'a qu'imparfaitement permis d'apprécier la richesse d'une campagne que l'on dit fort belle. A peine entrevoyions-nous des massifs de verdure formés par des bois d'orangers et les taches blanches que font les maisons dans les champs.

Ces maisons sont toujours, comme par notre Lyonnais et par les pays latins, étalées et profondes, couvertes de tuiles creuses, avec toiture à deux pentes. Dans les villes, les habitations se terminent quelquefois en terrasses et sont coloriées comme des jouets d'enfants. Mais le hideux Montchanin n'a point encore traversé les Pyrénées.

Nous arrivons à Cordoue vers quatre heures du matin. Les cafés, grands ouverts, sont éclairés — par la lumière électrique, ainsi que tous les hôtels et établissements de la péninsule — et nous y voyons encore des consommateurs. Dans une grande partie de l'Espagne, la population veille, pendant l'été, jusqu'au milieu de la nuit. L'après-midi est consacré à la sieste  Je ne saurais vous dire à quel moment on travaille. Il est vrai que la semaine dernière, le thermomètre marquait encore 38 degrés à l'ombre.

Comme Arles, Cordoue est une capitale déchue et presque une ville morte. Cité importante déjà sous les Romains qui en avaient fait la capitale de la Bétique, Cordoue conserve une quantité d'inscriptions et de fragments antiques, encastrés dans ses constructions. Sous la domination des Maures, la prospérité de la ville atteint son apogée.

En 736, Abdérame Ier l'érige en chef-lieu du kalifat d'Occident. Avec le temps, Cordoue compte, dit-on, un million d'habitants ; il s'y trouvait sept cents mosquées, quatre-vingts palais et une bibliothèque contenant cinq cent mille manus-crits. Même en faisant la part de l'exagération familière aux Orientaux — et aux Espagnols — ce devait être une cité opulente et considérable.

C'était aussi une ville industrielle : on y fabri-quait ces cuirs *cordovans* ou *cordouans*, renommés dans toute l'Europe et d'où l'industrie de la chaussure, en France, s'est fait gloire de tirer son nom.

Mes compagnons et moi, depuis que nous avions passé la frontière française, nous cherchions quels objets nous pourrions emporter, à titre de souvenirs. Jusqu'alors nous n'avions rencontré, dans nos haltes ou séjours, que des articles de Paris ou d'Allemagne. Un de nous se réservait pour la maroquinerie de Cordoue : hélas! tout ce que nous voyons aux étalages est de fabrication autrichienne.

Quant au chiffre de la population, il est à présent de cinquante-cinq mille âmes. Un exode en masse eut lieu, lors de la conquête espagnole et de la chute du Kalifat, en 1212 : les habitants, presque tous musulmans, durent passer en Afrique. Déchu comme capitale, Cordoue ne s'est pas relevé comme centre industriel.

.·.

N'était sa mosquée, Cordoue n'attirerait pas plus les voyageurs que mainte autre ville d'Espagne, qui possède des restes de fortifications arabes ou un pont, œuvre des musulmans. Mais

> Cordoue aux maisons vieilles
> A sa mosquée où l'œil se perd dans les merveilles.

En cette circonstance, comme en beaucoup d'autres, Hugo n'a pas le mot parfaitement juste. La mosquée de Cordoue, la plus grande du monde après la Mecque, est dans son ensemble une merveille — mais au singulier; le charme que l'œil éprouve à se perdre dans ces nefs ou allées, au nombre de trente-six en un sens et de dix-neuf en l'autre, est un, comme celui que nous donne le spectacle de la mer ou le tableau d'une prairie en fleur.

Du reste, Théophile Gautier, employant une autre image, a dit : « Il vous semble plutôt marcher dans une forêt plafonnée, que dans un édifice. » Forêt de douze cents fûts, variés de calibre et de couleur, empruntés aux monuments de l'Afrique et de la Gaule narbonnaise ; car la civilisation musulmane a vécu d'emprunts et, réduite à ses propres forces, elle est vite tombée à néant.

Cette forêt rigide devait présenter un aspect féerique, alors que des milliers de lampes, brûlant jour et nuit, en transformaient le plafond en ciel étoilé.

Les conquérants espagnols avaient respecté l'ensemble de l'édifice, tout en le consacrant au culte chrétien. Mais en 1523, le chapitre fit un abatis au milieu de la forêt et y implanta une cathédrale. C'était un de ces actes de vandalisme

Mosquée de Cordoue. — Entrée du Mihrab.

comme il s'en est commis des milliers et comme nous en commettons encore. Il faut, néanmoins, reconnaître que le ravage a été limité au strict nécessaire et qu'il s'est fait ailleurs nombre de prétendus embellissements moins pardonnables ·que la construction des chanoines.

Ils ont respecté le *Mihrab*, sanctuaire où était déposé l'exemplaire du Coran, écrit de la main d'Othman. Les croyants admis dans ce lieu sacré, devaient en faire sept fois le tour à genoux : les dalles du sol et les revêtements des parois ont été usés et polis par ce frottement continuel.

A Cordoue, comme à Séville, les rues forment un réseau capricieux, aux chaussées étroites, bordées de maisons qui possèdent toutes un *patio*. Dans les rues marchandes, vous surprenez le personnel des petits commerçants — les couturières, par exemple — travaillant à l'entrée de ces cours-jardins. Cela vaut bien les arrière-boutiques et les mansardes où la main-d'œuvre est confinée chez nous.

Beaucoup de balcons portent, fixée en dehors, une grande palme qui se détache en un ton d'or grisâtre sur les rinceaux noirs du fer. C'est la coutume en Espagne de placer ainsi, à l'extérieur des maisons, les palmes bénites le dimanche des Rameaux.

Cordoue a, naturellement, sa *plaza de toros.*
Mais les courses se tenaient autrefois sur l'actuelle
place du Marché, la *Corredera*, ainsi qu'on
l'appelle encore. Les balcons qui s'étendent tout
au long des maisons, sur les quatre façades,
se garnissaient de spectateurs pour la circonstance.

La ville est entourée de vieux remparts, aux
tours massives. Une forteresse à créneaux s'élève
de l'autre côté du Guadalquivir, à l'entrée du pont
qui met en communication les deux rives du
fleuve. Ce pont, établi au temps de la domination
romaine, a été reconstruit sous les kalifes.
En aval, et dans le lit du fleuve, d'anciens
moulins arabes sont encore, deux au moins, en
activité.

Au déclin du jour, je me suis plu à errer une
seconde fois sous les colonnades mystérieuses de
la mosquée, à faire le tour du vaste *patio*, com-
planté d'orangers, de palmiers, de cyprès, où les
ménagères viennent puiser l'eau à l'ancienne fontaine aux ablutions. Et je me disais que si les
édifices, comme toutes choses, ont leurs destins,
c'est au moins un rare bonheur pour eux lorsqu'ils
survivent à l'état social d'où ils sont sortis et dont
ils servaient les besoins.

* *<br>*

Mercredi, 5 octobre.

Grâce à un train express qui n'a lieu que trois fois par semaine, nous franchissons en quatorze heures les trois cent soixante kilomètres qui séparent Cordoue de Tolède.

La voie ferrée longe le Guadalquivir ; à gauche se dresse la sierra Morena dont nous gravissons les derniers contreforts pour pénétrer dans la Manche. A Séville, nous étions presque au niveau de la mer, 10 mètres d'altitude ; à Baylen, dont le nom sonne douloureusement pour des oreilles françaises, nous sommes à 400 mètres ; nous atteindrons bientôt l'altitude moyenne de 600 qui est celle de Tolède et de Madrid.

C'en est fait des campagnes verdoyantes. Le paysage devient sévère et monotone, et l'œil cherche en vain à se reposer, à travers ces champs gris qu'aucune haie ne divise, qu'aucune frondaison ne surmonte. La voie ferrée, seule, est bordée d'aloès et de cactus épineux. Nul cadre ne convenait mieux au personnage de don Quichotte, long, sec, inquiet, sans cesse poursuivant l'au-delà, sous forme d'aventures.

On reproche souvent aux Français, et non sans raison, leur esprit casanier. Mais sont-ils donc si coupables d'avoir concentré leurs rêves et leurs efforts sur ce sol qu'ils ont mis en telle valeur que l'étranger, en la parcourant du midi au nord, doit voir la France comme un jardin et comme un grenier d'abondance? Que l'Anglais coure les bords lointains, c'est une nécessité pour lui : il habite une île incapable de nourrir ses enfants. Mais l'Espagnol n'eût-il pas eu plus de profit à fouir la terre natale qu'à s'en aller écumer l'or du nouveau monde?

Cela dit par manière de passe-temps et sans nulle intention de critiquer les entreprises lointaines ni de décourager les vocations des futurs colons. Je puis même ajouter à ma décharge que j'eusse volontiers incliné de ce côté, en ma jeunesse; mais alors, parler de partir pour « les îles », c'était avouer qu'on avait fini de bien faire.

Tolède, à l'arrivée, se présente sous un aspect pittoresque. La ville étage ses maisons, ses églises et ses remparts sur une hauteur qui domine la gare et qu'entoure le Tage, en formant un fer à cheval. On y accède par un chemin en lacets, après avoir traversé le pont d'Alcantara.

A mi-côte, en suivant la vieille route, vous passez sous la célèbre *Puerta del Sol*, ce précieux

Tolède. — La Puerta del Sol.

spécimen de l'architecture mauresque. Théophile Gautier l'a dépeinte « rousse, cuite et confite de ton ». Malheureusement pour nous, le ciel s'est couvert, une ondée nous menace ; aux tons chauds de la pierre il manque le repoussoir de cet azur intense qui fait vibrer les couleurs.

Plus encore que Cordoue, Tolède, ancienne capitale de l'Espagne chrétienne, est déchue, et a gardé de l'occupation antérieure des Maures une physionomie archaïque. C'est une cité aussi morte que Pompéi. On en veut presque aux habitants d'y circuler en costume moderne et de n'avoir point conservé un costume qui s'adapte à ces ruelles montueuses, à ces demeures grillées, à toutes ces choses d'autrefois.

Tolède dont la population, en cinq siècles, est descendue de deux cent mille âmes à vingt mille, possède seize églises et une cathédrale que beaucoup de voyageurs mettent au-dessus de toutes celles de l'Espagne. Telle n'a pas été mon impression. L'architecture est du plus pur gothique, mais les derniers siècles ont surchargé l'œuvre principale de motifs et d'ornements qui, en dépit de leur richesse, font de l'édifice une belle femme fagotée.

Il s'y trouve, pourtant, des choses d'une valeur artistique incontestable : telles les grilles qui ferment le chœur et la *silleria* ou double rangée de stalles.

Peut-être cette impression s'est-elle trouvée accrue par la pluie qui s'est décidément mise de la partie. Je professe qu'il n'est pas de belle ville par le mauvais temps, et, quand cet accident se produit au cours d'un de mes voyages, je me méfie de mon impression.

L'averse n'a pas été de très longue durée. Pourtant elle eût suffi à nous retirer l'envie de gravir au sommet du clocher de la cathédrale, haut de quatre-vingt-dix mètres, comme l'*Alminar* de Cordoue, et plus élevé que la *Giralda* de Séville.

Malgré la menace de nouvelles ondées, nous parcourons la ville, où pullulent les soldats, et particulièrement les élèves de l'École militaire.

Je crois bien qu'il s'y trouve encore une manufacture d'armes, mais « les lames de Tolède » me paraissent, ainsi que tout le reste, passées à l'état de documents historiques. Je ne suis même pas sûr du tout que les canifs, ciseaux et *navajas* que nous avons achetés chez des soi-disant fabricants ne soient pas d'origine anglaise.

Qu'importe? puisque le nom de Tolède est gravé dans la damasquinure. Est-ce que les souvenirs qu'on rapporte des stations de l'Océan ou de la Suisse y ont été fabriqués?

.•.

Jeudi, 6 octobre.

Nous voici à Madrid qui doit être notre dernière étape, de ce côté des Pyrénées.

Madrid, ville relativement jeune, offre moins d'intérêt historique et possède surtout moins de caractère que les villes que nous venons de visiter. Au surplus, toute capitale subit davantage le courant qui tend à niveler les cités modernes.

Le trait saillant de la physionomie de Madrid est l'activité. Non l'activité affairée de Londres, non l'agitation cérébrale de Paris, mais ce mouvement d'un essaim qui évolue à l'air libre et dans la lumière. Sous ce ciel bleu, dans cette atmosphère transparente et légère, on est tenté d'oublier les lourdes besognes de la vie, et les cerveaux s'apaisent d'eux-mêmes.

Le centre de la vie madrilène est la place de *la Puerta del Sol*. A l'endroit où s'élève l'hôtel de Paris — celui où nous sommes descendus — était une chapelle, dont le portail, ouvrant sur la place, était surmonté d'un soleil peint. La voix populaire, par un jeu de mots, en a tiré le nom de la place.

Il y a toujours foule, il y a même, ainsi que l'a

dit Edmond de Amicis, deux foules : « une foule immobile et une autre qui va et vient par les dix grandes rues qui y aboutissent ».

Cette foule immobile, massée sur les trottoirs, au croisement des voitures et des tramways, est telle que vous croyez tout d'abord à un attroupement provoqué par un accident. Mais comme cela dure depuis le matin jusqu'au milieu de la nuit, il faut bien reconnaitre que c'est, pour la population, une façon de passe-temps qui — moins l'absinthe et la bière — ressemble beaucoup à celui de nos désœuvrés, attablés à la devanture des cafés.

Il se boit, d'ailleurs, peu de bière en Espagne, et la consommation des alcools est presque nulle. Jamais le garçon ne vous sert d'eau-de-vie avec le café et personne n'en demande. Si l'Espagne a quelques buveurs d'absinthe, ce sont des buveurs honteux qui se cachent. Les marchands de goutte matinale sont remplacés par des femmes qui offrent, sur un petit éventaire très propret, des *buñuelos*, que l'acheteur arrose d'un verre d'eau.

Les *buñuelos*, dont la parenté avec nos bugnes lyonnaises se trahit par le nom seul, sont une pâte frite, soit de forme ronde et de la grosseur d'un beignet, soit de forme allongée et découpés en tronçons d'un sou, ou plutôt d'une *perrita*.

Le décime s'appelle couramment un *perro*,

c'est-à-dire : un chien. Tout le monde sait, pour s'en être laissé glisser parfois, que la monnaie de cuivre espagnole porte au revers un lion. La malice populaire a fait de ce lion un chien. C'est ainsi que l'effigie de certaines monnaies leur a fait attribuer les noms d'angelot, de teston, de franc, de louis, de napoléon. Le petit sou est dit *perro chico*, mais on emploie plus volontiers le diminutif féminin : *perrita*.

L'occasion se présente peut-être de dire un mot de la circulation monétaire dans la péninsule. En Portugal, je n'ai jamais vu une pièce d'argent ; en Espagne, il circule un certain nombre de *pecetas*, pièces de 1 franc, et de *douros*, pièces de 5 francs, mais le papier est la monnaie dominante. Nous avons en moyenne gagné 50 0/0 sur le change : c'est-à-dire que, pour 100 francs d'or ou un billet de la Banque de France, on obtient 150 francs de monnaie portugaise ou espagnole.

C'est une erreur fort répandue de croire que le change est avantageux et constitue une protection pour les pays à monnaie faible. Bien au contraire, comme la monnaie joue un rôle tout d'apparence dans les échanges de pays à pays, et que finalement les produits sont payés par des produits, il s'ensuit que les pays à monnaie faible livrent 150 francs de marchandises pour en recevoir 100

seulement des pays à monnaie forte : en un mot,
le change les ruine.

Cette crainte n'a pas l'air de tenir beaucoup de
place dans les préoccupations des Espagnols. La
perte même de Cuba ne semble point peser sur
leur train de vie. Au fond, l'affaire Dreyfus les inté-
resse davantage.

Halte! voilà que je mets le pied sur un terrain
glissant. Laissons l'Espagne politique et revenons
à l'Espagne des touristes.

Ce que Madrid possède, sinon de tout à fait
incomparable, au moins de remarquablement
beau, c'est son Musée de peinture. Il n'est pas
aussi complet que celui du Louvre, mais, des deux
mille toiles qui le composent, il en est une moitié
qui sont de pures merveilles.

Les maîtres espagnols, qui ne sont représentés
dans les musées d'Europe que par de rares unités,
se coudoient ici en grand nombre. Ils n'y sont pas
seuls : l'Italie, les Flandres y figurent pour des
centaines de toiles, recueillies par Charles-Quint ;
la France même y compte environ cent cinquante
tableaux.

Le visiteur qui n'a que peu de temps passe forcément avec une rapidité sacrilège devant les Raphaël, les Tintoret, les Titien, les Véronèse, les Van Dyck, les Rubens. Il faut, puisque l'occasion est unique, se réserver pour Vélasquez, Ribeira, Zurbaran et ce grand charmeur de Murillo. Lui et son maître Vélasquez semblent s'être partagé les sujets qui relèvent du pinceau : au maître le réel, le tangible ; à Murillo le monde surnaturel. Comme ouvriers, ils ne sont, l'un et l'autre, surpassés par personne.

Le charme de ces œuvres si diverses s'accroît par un état de conservation qu'on ne trouve nulle part. Le climat de Madrid, à raison de l'altitude, est presque toujours sec, l'air y est très pur et, quoique l'hiver y soit parfois piquant, la sérénité du ciel n'en est jamais altérée. Aussi, ces peintures, après trois siècles, gardent-elles encore toute leur fleur et se passent-elles sans danger des lourdes couches de vernis que nous imposons à nos tableaux.

Cette collection qui réclamerait, à elle seule, des jours et même des semaines, n'est point la seule de Madrid. L'Académie des Beaux-Arts possède une belle suite d'œuvres des maîtres espagnols anciens ; il y a encore un Musée d'art moderne, où se voient bon nombre d'artistes étrangers.

Dans un autre ordre, Madrid a un Musée archéologique, un Musée d'artillerie, un Musée naval et la célèbre *Armeria* qui a pour origine la collection particulière d'armes, de Charles-Quint. Ce dernier musée est placé dans une dépendance du Palais royal.

Les rois d'Espagne n'ont pas, comme ceux du Portugal, plusieurs résidences dans leur capitale. Le palais, œuvre du siècle dernier, a grande figure; mais, pour le voir sous son bel aspect, il faut passer de l'autre côté du Manzanarès, dont il est séparé par les jardins, dits *Campo del Moro*. Sur cet emplacement a, dit-on, campé en 1109 l'émir Ali-ben-Yousouf. On en avait fait une promenade, mais c'est la régente Marie-Christine qui l'a transformée en délicieux jardins, s'élevant en pente douce, des bords du fleuve jusqu'au palais.

La couronne possède de nombreuses résidences ou *sitios reales*, en dehors de Madrid. Je ne dis pas « en province », cette expression, non plus que celle de « provinciaux, provincialisme », n'ayant pas, hors de France, le sens que nous y attachons. En Espagne notamment, Séville, Cordoue, Valence, Burgos et d'autres chef-lieux de provinces ont conservé leur physionomie propre, leur dialecte, leurs mœurs, leur vie intellectuelle, et ne se considèrent en rien comme tributaires de Madrid.

Le *sitio* typique et historique de la monarchie

Madrid. — Le Palais Royal.

espagnole est l'*Escorial*. Cette demeure est née d'une fantaisie royale, comme Versailles, mais d'une fantaisie d'hypocondriaque. Philippe II, en construisant cette résidence, à douze lieues de Madrid et à plus de neuf cents mètres d'altitude, voulut évidemment se créer une retraite qui l'isolât des hommes. On a pu dire de ce palais qu'il a du couvent, de la caserne et un peu du harem.

.˙.

Vendredi 7 octobre.

Il nous eût été agréable de passer une soirée au théâtre. Mais le seul théâtre, sur douze, où l'on chante est fermé en ce moment, et, pour goûter une autre espèce de spectacle, il faudrait connaître la langue.

Le genre est aux pièces en un acte. La soirée est ainsi coupée et chacun peut prendre à son gré le commencement, le milieu ou la fin du spectacle — lequel se termine généralement après une heure du matin. Peu de personnes restent tout le temps; la clientèle se renouvelle comme dans un omnibus. Au surplus, il est permis de fumer dans la salle, pendant les entr'actes.

Selon ma coutume, je me suis mis en route de

bonne heure. J'avais, d'ailleurs un petit projet en tête : manger un *buñuelo* sur le pouce, dans la rue. Je ne pouvais guère me livrer à cette débauche sur la place *Puerta del Sol*, mais j'espérais en trouver l'occasion, en visitant la basilique d'*Atocha*, sise aux confins de la ville, tout au bout du *Prado*.

En chemin, j'ai dégusté un tronçon de bugne, et, ma foi, Madrid n'a rien à nous envier. La friture à l'huile d'olive donne même au *buñuelo* un petit bouquet que n'a pas notre bugne frite à l'huile de colza.

J'avais déjà vu plusieurs des églises de Madrid : elles sont peu intéressantes. Une seule particularité à signaler : on y trouve quelques chaises; la capitale se laisse entamer par les habitudes des peuples du Nord. Quant aux chapelles, on y voit invariablement Notre-Dame-des Douleurs et Saint Antoine de Padoue. Le peuple espagnol est, d'ailleurs, fidèle aux vieux cultes. Saint Joseph a peu d'autels et c'est tout à fait exceptionnel de rencontrer l'image de la mère de Jésus sans son enfant : ce qui devient d'usage courant en France, où les artistes sont alors forcés de mettre l'enfant sur les bras de son père nourricier.

Je n'ai pu visiter la basilique d'Atocha, pour une raison majeure : on l'a démolie, elle menaçait ruine. C'est l'église où se marient les rois d'Espagne. Étant donné l'âge d'Alphonse XIII, architectes et entrepreneurs ont du temps devant eux.

En dehors du chantier, un homme, fumant une cigarette, avait déposé son fardeau sur une saillie de la clôture : c'était un magnifique cercueil peint en noir, avec ornements dorés en saillie. Ici l'on ne met nul mystère à transporter ces objets ; quand ils sont beaux, je ne serais pas étonné que la livraison s'en fît avec coquetterie et ostentation.

Comme le porteur rechargeait la longue caisse sur son épaule, avec une certaine aisance, j'en concluais que ce n'était pas du bois, mais quelque matière plus légère. A ma question il fit une réponse dont le sens textuel m'échappait, mais il me parut, à son ton convaincu, que l'article est tout ce qu'il y a d'excellent, à bon marché, et qu'on peut le recommander à ses amis en toute assurance.

L'étranger ne doit pas manquer, vers dix heures du matin, d'assister à la relève de la garde, au Palais royal. Ailleurs, le défilé s'effectue au pas redoublé, avec force fanfares et bruit de tambours. A Madrid, cela ressemble à l'accomplissement d'un rite.

D'un pas très lent, plus lent que notre pas de procession, la garde montante, infanterie, cavale-

rie, artillerie, fait son entrée dans la cour de l'Armeria; peu à peu la garde descendante se met en
mouvement avec la même solennité et défile; ce
pendant que la *banda*, la musique, joue en pianis-
simo la marche royale, alternativement reprise par
les instruments d'harmonie et par les autres.

C'est d'un effet étrange. Il y a d'une sonnerie
militaire lointaine, d'une hymne d'église, d'une
cantilène endormeuse de femme. Caserne, monas-
tère, harem : c'est l'Escurial mis en musique.

.·.

Après le déjeuner, nouvelle visite au Musée ; puis, promenade en ville, partie à pied, partie en tramway. En face de nous, deux prêtres roulent leur cigarette et l'allument. On fume à l'intérieur comme sur la plateforme. Du reste, les compagnies de chemin de fer, au lieu d'avoir des compartiments pour les fumeurs, en ont pour les non fumeurs : *Non se permite da fumare*.

Madrid est la seule ville où le commerce d'alimentation ait des étalages de quelque intérêt. Les boucheries partout ailleurs ont un aspect peu engageant ; au lieu de s'y présenter en pièces appétissantes, le bœuf notamment, la *vacca*, est noir de chair, jaune de graisse et la partie osseuse semble dominer. Ici, les bouchers vendent non seulement le porc, mais poisson, volaille et gibier, ce qui me paraît très naturel dans un pays où la grosse viande ne tient pas dans l'alimentation autant de place que chez nous.

Les hasards de la promenade nous ramènent devant le Palais royal, à quatre heures et demie. Des curieux attroupés sur le trottoir nous donnent à penser que le roi va sortir ou rentrer. Informations prises, c'est la reine-régente qui se rend, selon son habitude, à la *Casa del Campo* ou maison des champs, de l'autre côté du Manzanarès. Disons en passant que le Manzanarès de Madrid ressemble, en beaucoup plus majestueux, à l'Yzeron de Francheville : il n'a pas d'eau et il est bordé de lavoirs.

Est-ce que l'étiquette espagnole, comme beaucoup de choses de ce pays, ne serait pas en voie de disparaitre? Ainsi, on a toute liberté de circuler dans la cour intérieure du palais. Aucun des préfets de la République française ne souffrirait semblable licence dans la cour de son hôtel : il se trouverait un concierge pour vous barrer le chemin et, si vous esquiviez la consigne, un agent de police pour vous expulser.

Même, au moment de la sortie de la reine, en calèche découverte, il n'y a eu ni expulsion ni refoulement. La régente, avec les deux infantes, ses filles, précédée d'un *correo* et escortée d'un écuyer *cabellerizo* qui galope à la portière, a passé en saluant gracieusement la foule. Dire qu'il y a un peu de mélancolie dans sa grâce ne vous surprendra point; elle est veuve, et régente d'un royaume qui traverse de tristes conjonctures.

Quelle différence de destinées entre la mère d'Alphonse XIII et cette autre veuve et régente : la mère de Wilhelmine, reine de Hollande! Celle-ci installant triomphalement sa fille sur le trône d'un pays en pleine prospérité, l'autre ayant le droit de se demander ce que sera le trône, et même le pays, lorsque son fils et pupille atteindra la majorité.

Il me revint alors un mot désespéré et navrant que laissait échapper un de nos guides, dans une ville que je ne nommerai pas. Convaincu de l'impuissance à laquelle paraît condamnée la nation espagnole, il me disait : « Si les Yankees, señor, avaient mis leur menace à exécution et avaient débarqué en Espagne, notre pays, dans cinquante ans, aurait été un des plus riches de l'Europe ! »

Certes, pour les nations comme pour les individus, tout n'est pas dans la richesse. Un peuple sobre et pauvre peut vivre parfaitement heureux — ainsi a fait la Suisse pendant longtemps — mais encore ne faut-il pas qu'il vise au train des peuples producteurs et demande aux emprunts ce qu'il est incapable et peu soucieux de produire. Ce sont là, je le sais, des allures de gentilhomme et tout Espagnol prétend à la noblesse, mais le jeu n'est pas sans danger.

Cependant, le soir approche. Les couchers de soleil, m'avait-on dit, sont magnifiques à Madrid, et, de fait, une pourpre lumineuse et légère baigne le ciel, à l'occident. Ce n'est point l'avant-coureur des ténèbres, mais une transition entre les splendeurs du jour et les clartés de la nuit.

De plus prosaïques contemplations nous réclament : nous avons à régler nos notes d'hôtel et à songer au départ. Au rebours de beaucoup de voyageurs, grands admirateurs de l'Espagne, mais décriant ses hôtels, nous n'avons nullement à nous plaindre des maisons où nous sommes descendus, au cours de ce rapide et sommaire voyage.

Nous avons trouvé des maisons propres, partout éclairées à l'électricité, des literies irréprochables, une cuisine qui n'est pas plus étrange que celle des hôtels suisses. Le service est bien fait, le personnel sait un peu de français, et, du reste, le menu des repas est toujours écrit dans notre langue. Mais les prix sont assez forts.

.·.

Samedi, 8 octobre.

Partis de Madrid à huit heures du soir, nous sommes le lendemain à midi, à Irun, où nous prenons notre dernier repas sur la terre espagnole. J'ai pour voisin de table un toréador, dans cette tenue spéciale qui fait reconnaître tout de suite un membre de la confrérie : chapeau de feutre gris, aux ailes larges, plates et rigides; à la calotte souple, mais légèrement rentrée tout le tour, veste ajustée et courte, pantalon collant aux fesses.

Mon voisin, de plus, est paré de diamants comme une duchesse allant au bal. Des bagues à tous les doigts, deux énormes solitaires au-devant de sa chemise brodée, deux jumelles en diamants pour rejoindre son col droit. C'est comme une dernière vision de l'Espagne, résumée en cet homme d'épée et de clinquant, descendant des *conquistadores* qui revenaient chargés de la dépouille des Indes.

Nous touchons au terme du voyage. Dans une incursion aussi rapide, il est à peine donné aux voyageurs d'entrevoir la surface des choses : leurs observations s'arrêtent, pour ainsi dire, à l'épiderme des populations qu'ils traversent. Chacun, involontairement, y met beaucoup de soi et complète ses impressions à sa manière. Qu'on prenne donc les miennes pour ce qu'elles valent.

Je sais, par expérience, que nos souvenirs, comme certaines liqueurs, ont besoin d'un temps pour se dépouiller. Des petites misères de la vie de voyage : fatigues, contre-temps, décevances même, il restera peu de chose dans ma mémoire, tandis que j'évoquerai avec plaisir les bons moments passés au delà des Pyrénées, avec d'aimables compagnons, sous un ciel limpide, dans des villes riches de leur passé historique.

Mais, laissez-moi vous dire : je ne me sens jamais si bon Français qu'après un séjour à l'étranger.

Imp. A. Storck & Cⁱᵉ, rue de l'Hôtel-de-Ville, 78, Lyon.